特色农产品质量安全管控“一品一策”丛书

铁皮石斛全产业链质量安全风险管控手册

赵学平　郑蔚然　主编

中国农业出版社
北京

《特色农产品质量安全管控“一品一策”丛书》

总 主 编：虞轶俊　王　强

《铁皮石斛全产业链质量安全风险管控手册》

编 写 人 员

主　　编　赵学平　郑蔚然

编写人员　（按姓氏笔画排序）

于国光　孙彩霞　苍　涛　吴声敢

郑蔚然　赵学平　徐明飞　戴　芬

专家团队　何柏伟　孙崇波　徐丽红　宗侃侃

张晓明

前　言

浙江省铁皮石斛产业经过近20年的培育和发展，尤其是近5年来的快速发展，已经形成了一条集科研、种植、加工、产品生产和销售等为一体的较为完整的产业链。2015年，全省铁皮石斛总产值近50亿元，以铁皮石斛为原料的保健品,位居全国销量首位。

铁皮石斛产品中的农药残留、重金属污染等给铁皮石斛的质量安全带来较大的风险隐患。这些风险隐患的主要来源包括：铁皮石斛种植过程中农药使用不规范（超范围、超剂量或浓度、超次数使用农药，以及不按安全间隔期收获等）；栽培基质、肥料、灌溉水和空气中的铅、镉等重金属，以及枫斗加工过程中的重金属。这些风险隐患，一定程度上制约了铁皮石斛产业的可持续发展。因此，铁皮石斛产业迫切需要先进适用的安全生产管控技术。

编者根据多年的研究成果和生产实践经验，编写了《铁皮石斛全产业链质量安全风险管控手册》（以下简称《手册》）一书。《手册》遵循全程控制的理念，在基地选择、基质准备、种苗选育、栽培模式、栽培管理（光照、温度、水分和湿度的控制及平衡施肥）、病虫害防治、采收、鲜条储藏、初加工和包装储运等环节提出控制措施，更好地推广铁皮石斛优质品种及先进的生产技术，保障铁皮石斛的质量安全。

本《手册》在编写过程中，吸收了同行专家的研究成果，参考了国内有关文献、标准和书籍，在此一并表示感谢。

由于编者水平有限，疏漏与不足之处在所难免，敬请广大读者批评指正。

编　者

2018年8月

目　录

一、铁皮石斛概况

铁皮石斛（*Dendrobium officinale* Kimura et Migo）又称黑节草，为兰科石斛属多年生草本植物，其原生种分布于长江以南安徽、浙江、福建、广西、湖南、云南、贵州等地海拔300 m以上的山地半阴湿岩石或草丛中。铁皮石斛是传统的名贵珍稀药材，具有滋阴补虚、益胃生津、提高免疫等功效，素有“药中黄金”之美称。早在唐代开元年间，就被道家经典《道藏》尊列为“中华九大仙草”之首。

经过近20年的培育和发展，尤其是近5年来的快速发展，浙江省铁皮石斛产业形成了一条集科研、种植、加工、产品生产、销售等为一体的较为完整的产业链。2015年，全省铁皮石斛产业产值近50亿元，以铁皮石斛为原料的保健品位居全国销量首位。

药用及保健价值

益胃生津，滋阴清热。用于治疗热病津伤、口干烦渴、胃阴不足、食少干呕、病后虚热不退、阴虚火旺、骨蒸劳热、目暗不明、筋骨痿软等症状。

现代药理研究表明，铁皮石斛具有增强免疫力、消除肿瘤、抑制癌症等作用，在咽喉疾病、肠胃疾病、白内障、心血管疾病、糖尿病、肿瘤等疾病治疗中被广泛应用。

二、铁皮石斛安全生产流程

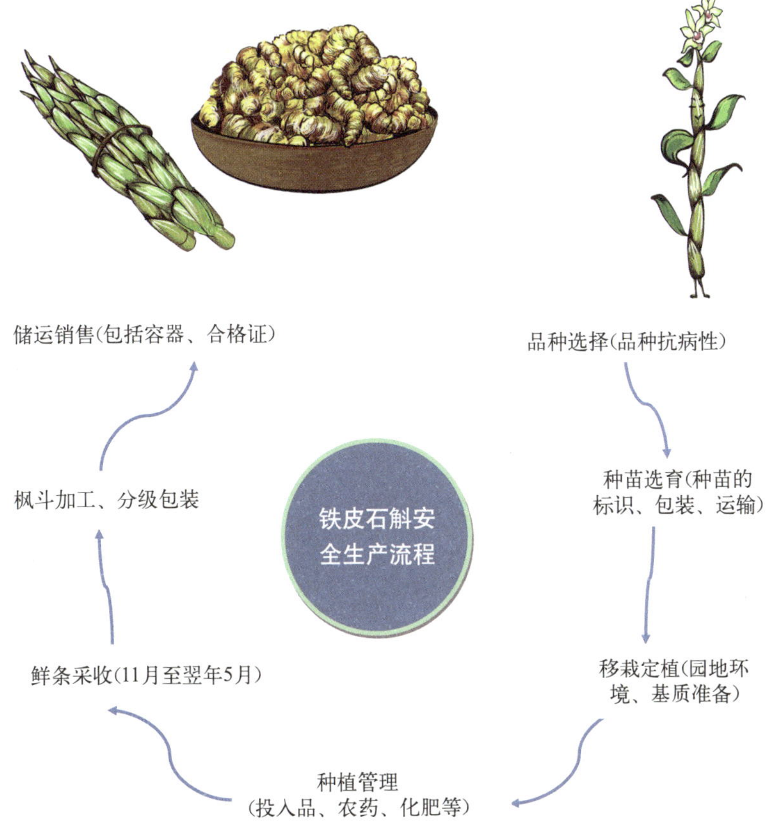

三、铁皮石斛质量安全潜在风险隐患及来源

农药残留

铁皮石斛生产中存在着因几乎“无药用”而导致的“乱用药”现象，从而引起了农药残留问题。“乱用药”包括超范围、超剂量或浓度、超次数使用农药，以及不按安全间隔期收获等。

重金属污染

铁皮石斛可以吸收基质、肥料、空气、水中的重金属。如果不严格控制，基质、肥料（特别是来自于规模化养殖场的有机肥）中可能会含有较多的重金属，成为铁皮石斛中重金属污染的主要来源。此外，枫斗加工过程使用的机械和器具，也可能成为铁皮石斛中重金属污染的又一重要来源。

四、关键点及控制措施

为了消除铁皮石斛生产过程中的安全隐患，确保铁皮石斛的质量安全，遵循全程控制的理念，在基地选择、基质准备、种苗选育、栽培模式、栽培管理、病虫害防治、采收、鲜条储藏、初加工和包装储运等环节提出了控制措施。重点在于基质和投入品的选择、准备和处理，栽培过程中水分、湿度、温度和光照度的控制，以及病虫害的防治。

■ 三大关键：健壮栽培、清洁生产和绿色防控。

➤ 关键一　健壮栽培——提高铁皮石斛抗病虫能力。

✓ 种苗选育：优选抗病和抗逆性强的品种；种苗脱毒；选择无缺陷的壮苗进行移栽。

✓ 平衡施肥：适时、适量施肥。

✓ 生长条件（光照度、温度、湿度和水分）的控制：遮阳网控制光照度，小苗光照度控制在1.2万～2万lx，大苗控制在3万～4万lx。生长期温度控制在18～30℃，冬季提前降湿炼苗（如10月开棚）、休眠越冬，空气湿度控制在75%～85%，基质含水量控制在55%左右。

措施包括：通风降温降湿；喷雾浇水；冬季加二道膜等。

➤ 关键二　清洁生产——创造促进植株健康生长、不利于病虫害发生的环境，农业投入品中重金属的控制，以及采收和加工过程中的清洁生产。

✓ 产地环境：产地环境符合国家标准要求，生态环境优良；翻耕暴晒、撒生石灰、清理场地周围的杂物等预处理措施。

✓ 基质选择和处理：严格控制基质材料中的重金属含量；基质在使用前进行堆制发酵或高温灭菌处理；基质的铺设“下粗上细”。

✓ 农业投入品：控制基肥、化肥中的重金属。

✓ 清园整枝：及时清除病株残茬。

✓ 采收、初加工和包装储运：对操作者、器具和材料的卫生要求，避免微生物和细菌、病菌的侵染；对器具和材料中重金属的要求，避免重金属的迁移污染。

➤ 关键三　绿色防控——减少化学农药的使用。优先选用农业防治、物理防治、生物防治等非化学防控措施，尽量减少化学农药的使用。

✓ 农业防治：产地环境生态条件良好；场地预处理；优选抗病和抗逆性强的品种，壮苗培育；加强光照度、温度、湿度和水分等栽培条件的控制。

✓ 物理防治：性信息素、杀虫灯防控斜纹夜蛾；黄/蓝板诱杀蚜虫、蓟马；防虫网隔离粉虱、蓟马；采用搭架离地栽培和铜片，或含有铜离子的无纺布相结合；畦四周撒石灰；隔离蜗牛和蛞蝓等。

✓ 生物防治：采用枯草芽孢杆菌和多黏类芽孢杆菌防治病害；撒施茶粕（添加5%山梨酸钾）或用83.5%的茶皂素防治蜗牛。

✓ 化学防治：科学使用化学农药，合理选用高效低毒低残留的农药种类。

■ 十个环节：基地选择、基质准备、种苗选育、栽培模式、栽培管理、病虫害防治、采收、鲜条储藏、初加工和包装储运等环节。

■ 六大措施：

➢ 农业投入品管理：对肥料和农药等农业投入品采购、存放和使用的规定。

➢ 病虫害防治：推荐了农业防治、物理防治、生物防治等绿色防控措施，以及化学农药的用药建议。

➢ 生产记录：详细记录主要农事活动。

➢ 产品检测：委托有资质的检测单位或企业自行对产品进行检测，合格后才能上市。

➢ 产品认证：鼓励企业进行无公害农产品、绿色食品、地理标志产品认证。

➢ 产品追溯：鼓励应用二维码等现代信息技术和网络技术，建立铁皮石斛追溯信息体系。

1. 基地选择与准备

基地条件

铁皮石斛栽培基地宜选择生态条件良好，水源清洁，立地开阔，通风、向阳、排水良好的地块，周围5 km内无“三废”污染及其他污染源，距离交通主干道200 m以外。

环境空气质量应符合《环境空气质量标准》（GB3095—2012）规定的二级标准；农田灌溉水质应符合《农田灌溉水质标准》（GB5084—2005）规定的旱作农田灌溉水质量标准；土壤环境质量应符合《土壤环境质量标准》（GB15618—1995）规定的二级标准

。

翻土消毒

栽培设施搭建前先翻耕土壤20 cm左右，暴晒，表面撒生石灰每亩*100 kg。

设施准备

以大棚设施栽培为宜，棚间距在2 m以上，实行大棚编号管理，配备遮阳网、微喷灌等设备。采用离地栽培则搭建30 ～ 50 cm高的苗床，石棉瓦不宜用于垫板、护栏等。棚内合理配置农业环境监测记录仪器。

2．基质准备

大棚栽培模式，应选择疏松透气、排水良好、不易发霉、无

* 亩为非法定计量单位，1亩=1/15 hm^2。

病菌和害虫潜藏的材料。可选用碎红砖（石子）、碎松鳞等树皮、小木块、碎树枝段等为栽培基质；同时，应严格控制基质材料中的重金属含量。

未发酵处理过的基质使用前，应先通过日晒、堆沤、浸泡、蒸煮等方式进行充分的发酵和消毒，杀死害虫、虫卵和病菌，并防止烧苗。具体做法：将打碎成小块并过筛的松鳞等基质材料1 m^3、羊粪15 kg混合后堆放，用干净水浇透后塑料布密封盖好。高温季节在阳光下保湿暴晒，堆内温度可达80℃以上，经过一个夏天就可发酵好。之后，晒干保存，使用之前需要充分浸透。

3. 种苗选育

品种选择

选用适应性强、抗病性强、品种优、丰产性好，且通过审

（认）定的品种，如天斛1号、森山1号、仙斛1号、仙斛2号、仙斛3号等。

种苗准备

选择达到种苗标准的组培苗或驯化苗：用于栽培的苗应该生长健壮、无污染、无烂茎、烂根；根2条以上，叶4片以上，株高3.0 cm以上，茎粗0.2 cm以上，叶片正常展开，叶色嫩绿或翠绿。

栽培前用0.1%高锰酸钾溶液泡根3～5 min。

4．栽培模式

铁皮石斛的生产包括设施栽培和仿野生栽培两种模式。

设施栽培模式

用玻璃温室或塑料薄膜大棚等设施，配备遮阳网、喷雾灌溉设备，模仿铁皮石斛野生环境，把铁皮石斛栽培在基质上的一种栽培方法。

设施栽培又分为地栽、床架栽培两种模式。

（1）地栽模式。栽培地块应充分风化，早春土壤解冻后，表面均匀撒生石灰粉100 kg/亩。种植前土壤平整，按畦面宽度1.2 ~ 1.4 m、畦高12 ~ 15 cm筑畦，略呈馒头形，畦面四周选用木板和竹片围栏。两畦之间相距35 ~ 40 cm，沟深30 ~ 35 cm，并具出水口。

基质铺设应把握“下粗上细”的原则。下层可铺设直径为1.5 ~ 3.0 cm的小石子、蛭石和较大的小木块等，厚度为

6.0～8.0 cm；上层则平铺直径较小松鳞、木块等基质，厚度为2.0～3.0 cm。铁皮石斛适宜在pH为5.8～7的栽培环境中生长。

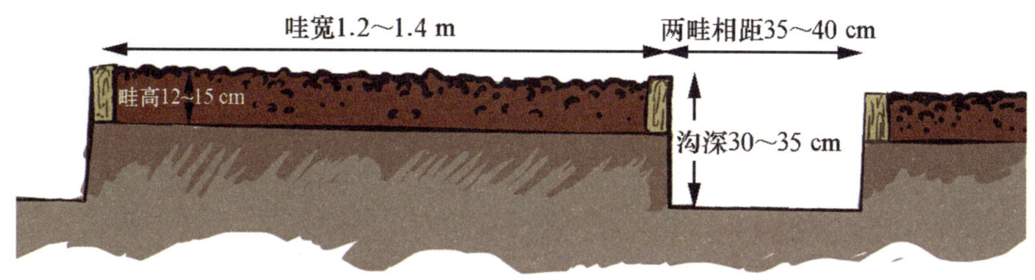

（2）床架栽培模式。棚内搭建架空的高架种植畦。宜选用角钢、砖头、耐腐烂木材等材料作为种植畦的框架，畦面可用0.3～0.5 cm塑料平网作为基质的支撑面，畦面四周选用木板和竹片围栏。畦宽1.2～1.4 m，畦长度可依据大棚长度而定，畦底架空高度30～50 cm。搭架栽培基质厚度一般8～15 cm，用2～3 cm大小的基质。

塑料平网
架空高度 30~50 cm
畦宽1.2~1.4 m
基质大小2~3 cm
基质厚度 5~10 cm

仿野生栽培模式

以自然生长的树木作为载体，利用枝叶遮阴，将植株附生于树干、树枝、树杈上，仿照铁皮石斛自然生长环境的一种种植方法。

树体要求：选择树干适中、水分较多、树冠较茂盛、树皮不会自然掉落、易管理的树种为铁皮石斛生长的优良附主，如板栗、核桃、梨树等果树类，樟树、杜英、桑树等树种均可，不宜选择会自然掉皮的松树、桦木、椿树等树种以及表面光滑的毛竹。也可选择木桩为生长载体。

5. 栽培管理

移栽

铁皮石斛组培苗的移栽季节以3月下旬至6月为宜。以丛栽方式种植为主，也可单株种植。丛栽以3～5株为一丛，按（10～12）cm×（15～18）cm株行距栽种；单株按10 cm×5 cm行株距，亩用苗量为8万～10万株。种植深度为2.0～3.0 cm。种植时勿弄断根系，可让少量根暴露在空气中，做到浅种，基质轻覆。

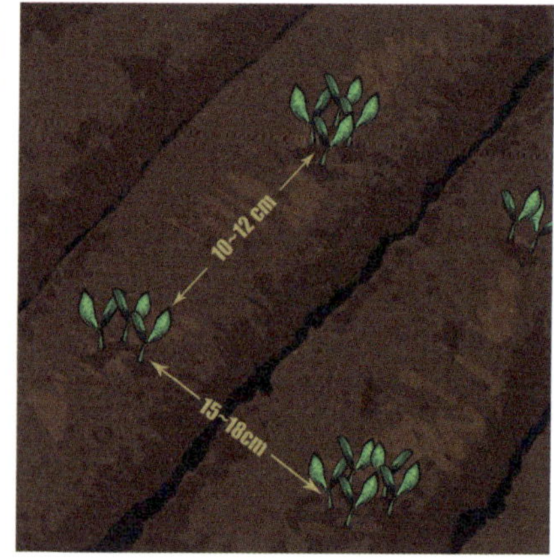

温度控制

铁皮石斛生长的适宜温度为18～30℃。高温时掀膜通风、喷雾降温，每天喷雾3～5次，每次喷雾2～5 min。

光照控制

铁皮石斛喜欢阴湿的生长环境。小苗期保持70%～80%的遮光率，光照度控制在1.2万～2万lx；生长期保持60%～70%的遮光率，光照度控制在2万～4万lx。可随着外界环境的光照度调节荫蔽度。

水分和湿度控制

空气相对湿度控制在75%～85%，基质含水量以55%左右为宜。

栽种后，应视植株生长情况和季节变化，通过喷雾控制基质湿度。移栽1周内，基质含水量以60%～70%为宜，保持基质干湿交替状态；生长旺盛期（4～6月），基质含水量以70%左右为宜，保证水分充足；夏秋高温季节应控制水分，基质含水量以40%～50%为宜；冬季（11月以后），基质含水量在30%以内。

伏天高温干旱，可早晚喷雾，切勿在阳光暴晒下进行。入冬前，要逐步减少给水量，配合温度管理，达到安全越冬。

施肥

铁皮石斛生长过程中，要注意平衡施肥。栽种1周后，可喷施0.1%的硝酸钾或磷酸二氢钾，促进发根长芽；栽种1个月后，亩施腐熟的羊粪和发酵过的菜籽饼等50～100 kg。10月下旬施磷酸二氢钾20 kg/亩；开春后亩施农家肥50～100 kg。肥料应符合《肥料合理使用准则　通则》（NY/T 496）的要求。同时，应严格控制肥料中的重金属含量。

清园整枝

清洁田园，及时彻底清除病株残茬。每年春天发新芽前，结合采收老茎，除去病茎、弱茎以及病根并集中深埋，减少病虫来源，防止再次传染。

栽种6～8年后视丛蔸生长情况，翻蔸重新分株繁殖或重新栽种组培苗。

除草

应及时人工除去棚内外的杂草。棚外可用覆盖除草，尽量不使用化学除草剂。

越冬管理

进入冬季前（如10月底开始），适度通风、逐步降低基质含水量，进行抗冻锻炼，使植株进入休眠。冬季寒潮前加盖二道膜、无纺布进行保温，适当揭开遮阳网增加光照等。

6. 病虫害防治

铁皮石斛病虫害防治遵循“预防为主、综合防治”的原则，优先采用农业防治、物理防治、生物防治，合理使用高效低毒低残留化学农药。

农业防治

① 选择生态条件良好，水源清洁，立地开阔，通风、向阳、排水良好的地块。

② 栽培场地和基质的处理，包括翻耕暴晒、撒生石灰、清理场地周围的杂物、基质在使用前堆制发酵或高温灭菌等。

③ 选择适宜于当地栽培的优质、高产、抗病、抗逆性强的审定品种或经鉴定确认的种源，培育壮苗。

④ 加强栽培管理，做到“通风、透气、漏水”，平衡施肥，创造铁皮石斛良好的生长条件。

物理防治

栽培场地及大棚之间可覆盖黑地膜或无纺布除草，提倡人工或割草机除草，减少病虫害滋生地。

诱杀斜纹夜蛾

6～10月宜采用性信息素诱捕器、杀虫灯防控斜纹夜蛾等蛾类成虫。每5亩左右悬挂1个性信息素诱捕器，或每30～50亩悬挂1～2盏杀虫灯。人工捕杀夜蛾幼虫、卵块和虫茧。

黄/蓝板诱杀蚜虫、蓟马

采用黄板、蓝板、银黑双色膜、防虫网等措施防治蚜虫、蓟马。种植芋艿、青菜等植物诱集斜纹夜蛾。植株上方30～50 cm悬挂黄板诱杀蚜虫、蓝板诱杀蓟马等，每亩30～40块。

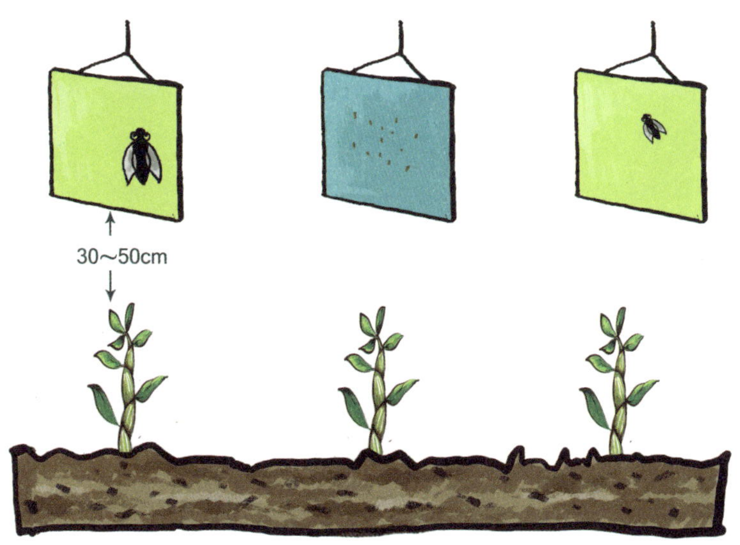

蜗牛和蛞蝓的隔离

周边种植小白菜、青菜等植物诱集蜗牛。生长期采用鲜黄瓜片或白菜叶蘸35%蔗糖溶液等诱集防治蜗牛。畦四周撒石灰；搭架离地栽培，使用铜片或含有铜离子的无纺布包裹苗床的支撑部位。

生物防治

采用枯草芽孢杆菌和多黏类芽孢杆菌防治病害。撒施茶粕（添加5%山梨酸钾，每亩用量200 kg）或喷施83.5%的茶皂素（5～10 g/L，每亩用量80 kg），防治蜗牛。

化学防治

禁止使用国家明令禁止的农药。

把握好病虫害防治的最佳时期，对症用药，科学用药，严格控制安全间隔期、施药量和施药次数。

用药指南

（1）选对药。根据病虫发生情况选择适宜的农药，掌握防治适期，交替用药。

（2）合理用。严格按照表1的要求使用农药，重抓苗期、移栽前和春季新芽期对病虫害的防治。

（3）间隔施。严格控制农药施药量、施药次数和安全间隔期(表1)。

表1　铁皮石斛主要病虫防治用药建议

序号	防治对象	农药通用名	含量	剂型	制剂用量	施用时期及方法	年使用次数（次）	安全间隔期（d）
1	漆斑病	嘧菌酯	25%	SC	1 500倍	5～9月病害发生初期，喷雾使用	2～3	30
		氟菌·肟菌酯	42.8%	SC	1 500倍		2～3	30
2	褐斑病	氟菌·肟菌酯	42.8%	SC	1 000倍	发病初期，喷雾使用	2～3	30
		吡唑醚菌酯	50%	WP	1 000倍		2～3	30
3	灰霉病	异菌脲	50%	WP	1 000倍	发病初期，喷雾使用	2～3	30
		多黏类芽孢杆菌	10亿芽孢/g	WP	亩施100～200 g		2～3	—
		枯草芽孢杆菌	1 000亿芽孢/g	WP	亩施20～40 g		2～3	—
4	白纹羽病	噁霉灵	95%	WP	500～800倍	发病初期，喷雾使用	2～3	30
		三唑酮	15%	EC	500～800倍		2～3	30

（续）

序号	防治对象	农药通用名	含量	剂型	制剂用量	施用时期及方法	年使用次数（次）	安全间隔期（d）
5	白绢病	苯醚甲环唑·嘧菌酯	325 g/L	SC	1 500 倍	5～8 月病害发生期，喷雾使用	2～3	30
		戊唑醇	25%	SC	1000～1500 倍		2～3	30
		井冈·嘧苷素	5%	AS	亩施 400～500 g		2～3	30
6	软腐病	喹啉铜*	33.5%	SC	500～1 000 倍	5～8 月病害发生期，喷雾使用	2～3	30
7	炭疽病	苯醚·咪鲜胺*	75%	WP	1 000～1500 倍	发病初期，喷雾使用	2～3	30
		咪鲜胺*	25	EC	亩施 40～60 mL		2～3	30
8	斜纹夜蛾	氯虫苯甲酰胺	5%	SC	亩施 45～54 g	6～9 月低龄幼虫期，喷雾使用	1	30
		斜纹夜蛾核型多角体病毒	10 亿 PIB/g	WP	亩施 45～50 g		1～2	—
		球孢白僵菌	400 亿个孢子 /g	WP	亩施 25～30 g		1～2	—

（续）

序号	防治对象	农药通用名	含量	剂型	制剂用量	施用时期及方法	年使用次数（次）	安全间隔期（d）
9	蜗牛、蛞蝓	四聚乙醛	6%	GR	亩施 600～700 g	发芽期水浇透基质后使用，提倡点施	2～3	30

注：该清单每年都可能根据新的评估结果发布修改单；* 表示该药已登记在铁皮石斛上；国家新禁用的农药自动从该清单中删除。

7．采收技术

适时采收

铁皮石斛适宜采收时间为每年冬季11月至翌年5月开花前，采收方式为采旧留新或全草。如实行采旧留新，应采收两年生以上的地上部分植株。

采收要求

轻摘、轻放，仔细小心，不能乱摘乱拉。采收后及时晾干鲜条伤口处的水分，以防病原微生物的侵染。

采收时发现病、烂枝条时应挑出，并带出园外集中处理。

容器要求

采收时盛放容器要浅，四周镂空、底平，应清洁、卫生。

采收作业

采收时，操作者应穿着干净的工作服、戴采摘用手套。

工作服及手套等应随时洗涤，并置于干净地方保存。

有感冒、腹泻、呕吐等症状的人员不能参与铁皮石斛鲜条采收。

8. 鲜条储藏

铁皮石斛鲜条的采收期比较集中，采收后大量枝条需要低温冷藏，以备后续的枫斗加工和销售。

低温储藏

鲜条宜在0～1 ℃的恒温保鲜库中储藏。为防止剪口处霉变，进库前在阴凉通风处晾干水分，在盒子两端空隙处铺设餐巾纸（或用纸、布包裹）以吸收多余水分。低温储藏过程中易造成多糖成分损失和脱水，后期也容易产生霉变，且储藏时间较短，为3～4个月。但对外观品质保持较好。

冷冻储藏

−30℃以下冷冻可以延长储藏时间，同时在减少多糖下降方面具有明显效果，但解冻后对感官品质有一定影响。此储藏方式比较适合出库后打制石斛干粉。

针对加工用石斛烘制的特点，宜采取70～80℃预干燥后，0～1℃条件下储藏，可以减少石斛多糖损失和霉变发生，储藏期可达3～4个月，对加工用石斛具有良好的保鲜效果。

9. 初加工技术

铁皮石斛鲜条的初加工形式主要为枫斗加工和鲜条榨汁。加工过程需要避免重金属和细菌、病菌的污染。枫斗加工为纯手工，因此工作前需要洗净双手，不要化妆，须戴手套和口罩。

鲜条整理

挑选、除杂、去叶去根，置阴凉潮湿处，防冻。

干条加工

鲜条经清洗切段，60～65 ℃烘干，含水量≤12%，置于通风干燥处，防潮。

枫斗加工

鲜铁皮石斛原料去根、花序梗，并剥去叶鞘，短条留用，切成7～10 cm的短段；低温烘焙，除去水分并软化，以便于卷曲，同时在软化过程中尽可能除去残留叶鞘；卷曲烘干，卷曲加工定形材料用专用纸包，枫斗初加工后经烘干定形成品，呈螺旋形或弹簧状，通常为2～6个旋纹，直径0.2～0.4 cm，环绕紧密，颗粒饱满，均匀整齐，表面黄绿色或略带金黄色。

鲜条榨汁

将适量的铁皮石斛鲜条洗净去衣，剪成2～3 cm的小段，用温开水榨汁，直接饮用；也可待其冷却后加适量蜂蜜或冰糖再饮用。体质虚寒者或秋冬季节，建议将铁皮石斛汁加热煮沸后饮用。由于铁皮石斛的功效成分石斛多糖为黏性物质，在煮沸过程中边煮边摇晃可以避免溢出，同时也避免黏住锅底。

10．包装储运

分级包装

铁皮石斛鲜条采后分级包装过程中，操作者应注意卫生，避免病原微生物的侵染。因此，在开始作业前，用肥皂、洗手液或消毒剂洗手，并换上干净的工作服、工作鞋。

卫生包装

包装场所应保持清洁、干净，并与生活区域分离。

包装材料应单独置于干净区域保管，并与清洁工具等其他用品分开放置。

分级包装结束后，应对工作台和作业空间进行清洁。病、烂铁皮石斛等废弃物应放入垃圾桶，并每天清理。

包装材料

包装材料应符合食品级材料标准要求，洁净无污染。

运输工具

运输工具应整洁、干净，并有防日晒、雨淋的设施。

宜使用冷藏车运输，使用其他类型运输工具时，须在清晨或傍晚气温较低时装卸和运输。

运输中应轻装轻放，防止碰撞和挤压。

统货运输时，应在表面覆保鲜膜等，以减少微生物污染。

储运环境、运输工具应通风、干净，不与有毒、有害、有异味物品混存混放。

11. 生产记录

详细记录主要农事活动，尤其是农药和肥料的使用情况须特别注意（如名称、使用日期、使用量、使用方法、使用人员等），并保存两年以上（表2、表3）。应记录上市销售日期、品种、物流量及销售对象、联系电话等（表4）。

表2　农药使用操作管理表

基地名称：
No：

日期	地块/大棚号	面积（亩）	农药名称	有效成分及含量（%）	生产厂家	每亩用量（g）	每亩用水量（L）	防治对象	使用方法	施药器械	天气状况	施药人员

表3 化肥使用操作管理表

基地名称：
No:

日期	地块/大棚号	面积（亩）	肥料名称	每亩用量(g)	N、P、K含量（%）	其他有效成分	有机质含量	使用方法	生产厂家	操作人员
□			□	□	□	□	□	□		□
□			□	□	□	□	□	□		□
□			□	□	□	□	□	□		□
□			□	□	□	□	□	□		□
□			□	□	□	□	□	□		□

注：肥料使用方法包括基肥、追肥，成分填写通用名或化学式。

表4 销售记录

基地名称：
No:

序号	销售日期	批次号	等级规格	数量	销售人	购买人	联系方式

铁皮石斛田间档案

12. 农资管理

农资采购“三要三不要”

一要看证照。要到经营证照齐全、经营信誉良好的合法农资商店购买。不要从流动商贩或无证经营的农资商店购买。

二要看标签。要认真查看产品包装和标签标识上的农药名称、有效成分及含量、农药登记证号、农药生产许可证号或农药生产批准文件号、产品标准号、企业名称及联系方式、生产日期、产品批号、有效期、用途、使用技术和使用方法、毒性等事项，查验产品质量合格证。不要盲目轻信广告宣传和商家的推荐。

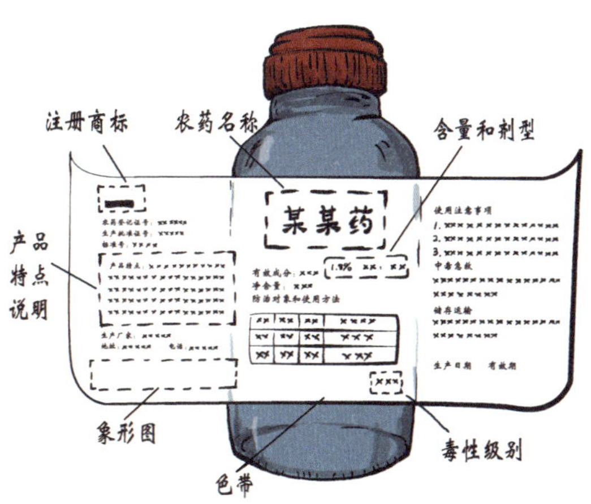

三要索取票据。要向经营者索要销售凭证，并连同产品

包装物、标签等妥善保存好，以备出现质量等问题时作为索赔依据。不要接受未注明品种、名称、数量、价格及销售者的字据或收条。

农资存放

农药和肥料存放时须分门别类；存放农药的地方须上锁；使用后剩余农药应保存在原来的包装容器内；收集空农药瓶、农药袋、施药后剩余药液等进行集中处理。

农资
存放
肥

农资使用

为保障操作者身体安全，特别是预防农药中毒，操作者作业时须佩戴保护装备，如帽子、保护眼罩、口罩、手套、防护服等。

身体不舒服时，不宜喷洒农药。

喷洒农药后，出现呼吸困难、呕吐、抽搐等症状时应及时就医，并准确告诉医生喷洒农药的名称及种类。

五、产品检测

检测要求

采收前应进行质量安全检测，可委托有资质单位或自行检测。检测合格后方可上市销售。检测报告至少保存两年。

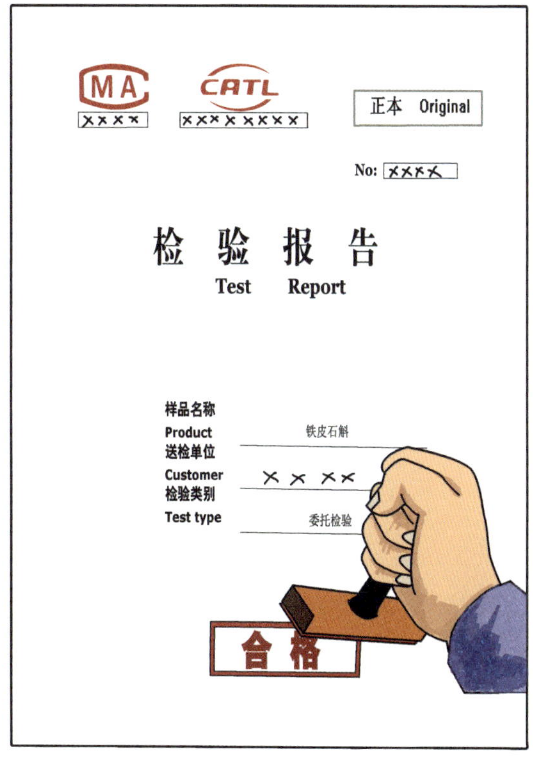

合格证

铁皮石斛上市销售时，应出具合格证。

六、产品认证

农产品地理标志

农产品地理标志，是指标示农产品来源于特定地域，产品品质和相关特征主要取决于自然生态环境和历史人文因素，并以地域名称冠名的特有农产品标志。

七、产品追溯

鼓励应用二维码等现代信息技术和网络技术，建立铁皮石斛追溯信息体系，将铁皮石斛生产、运输、流通、销售等各节点信息互联互通，实现铁皮石斛产品从生产到鲜品、枫斗的全程质量管控。

采用病虫害数字化标准图谱辅助诊断与传统的病虫害诊断技术有机结合，实现远程诊断，采用分级权限控制，管理灵活方便。

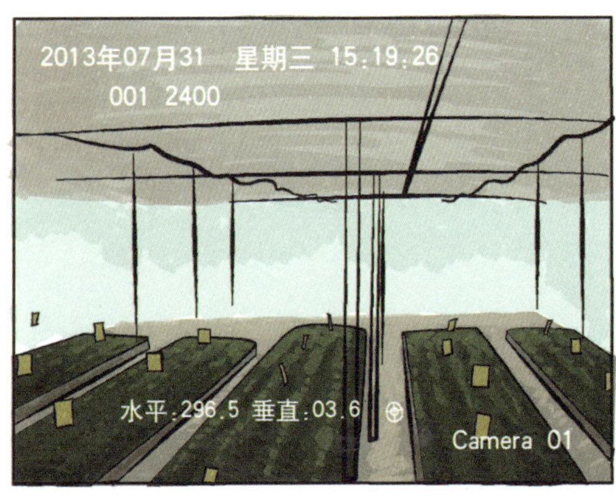
2013年07月31 星期三 15:19:26
001 2400
水平:296.5 垂直:03.6
Camera 01

2013年07月31 星期三 15:19:25
001 2400
水平:215.0 垂直:12.1
Camera 02

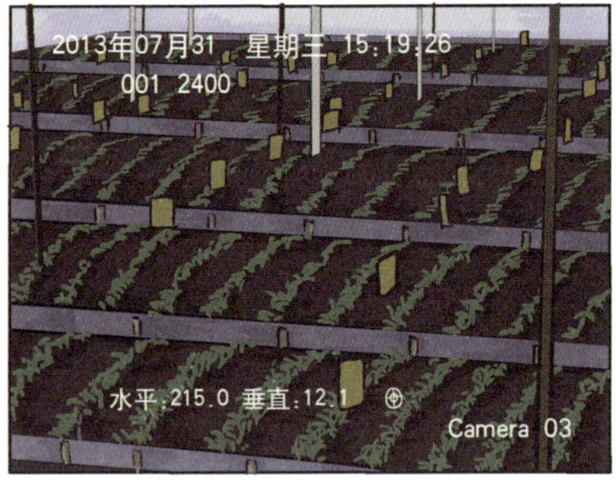
2013年07月31 星期三 15:19:26
001 2400
水平:215.0 垂直:12.1
Camera 03

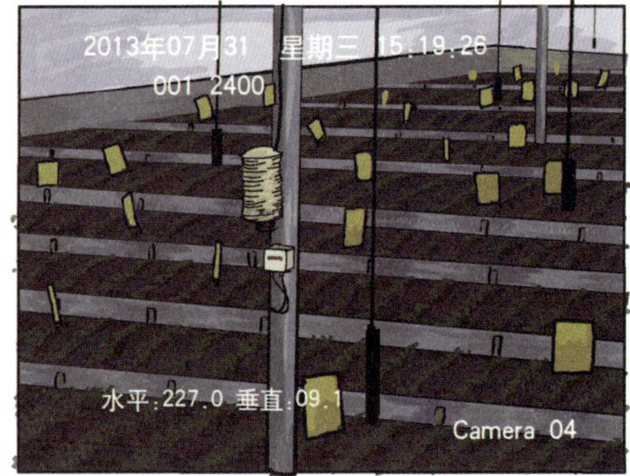
2013年07月31 星期三 15:19:26
001 2400
水平:227.0 垂直:09.1
Camera 04

附　　录

附录 1　农药基本知识

农药分类

杀　虫　剂

主要用来防治农、林、卫生、储粮及畜牧等方面的害虫。

杀 菌 剂

对植物体内的真菌、细菌或病毒等具有杀灭或抑制作用，用以预防或防治作物的各种病害的药剂，称为杀菌剂。

除　草　剂

用来杀灭或控制杂草生长的农药，称为除草剂，也称除莠剂。

植物生长调节剂

指人工合成或天然的具有天然植物激素活性的物质。

毒性标识

农药毒性分为剧毒、高毒、中等毒、低毒、微毒5个级别。

剧毒　高毒　中等毒

低毒　微毒

象形图

象形图应当根据产品实际使用的操作要求和顺序排列，包括储存象形图、操作象形图、忠告象形图、警告象形图。

储存象形图	 放在儿童接触不到的地方，并加锁
操作象形图	 配制液体农药时 　配制固体农药时 　喷药时
忠告象形图	 戴手套 　戴防护罩 　戴防毒面具  用药后须清洗 　戴口罩 　穿胶靴
警告象形图	 危险 / 对家畜有害 　危险 / 对鱼有害，不要污染湖泊，池塘和小溪

附录2　铁皮石斛上禁止使用的农药品种

根据中华人民共和国农业部公告第199号，第632号，第1157号，第1586号，第2032号，第2445号，农业部、工业和信息化部、国家质量监督检验检疫总局公告第1745号，浙政办发〔2001〕34号，食药监〔2013〕208号等规定，以下农药禁止在铁皮石斛上使用：

六六六，滴滴涕，毒杀芬，二溴氯丙烷，杀虫脒，二溴乙烷，除草醚，艾氏剂，狄氏剂，汞制剂，砷、铅类，敌枯双，氟乙酰胺，甘氟，毒鼠强，氟乙酸钠，毒鼠硅，甲胺磷，对硫磷，甲基对硫磷，久效磷，磷胺，氟虫腈，苯线磷，地虫硫磷，甲基硫环磷，磷化钙，磷化镁，磷化锌，硫线磷，蝇毒磷，治螟磷，特丁硫磷，氯磺隆，胺苯磺隆，甲磺隆，福美胂，福美甲胂，甲拌磷，甲基异柳磷，内吸磷，克百威，涕灭威，灭线磷，硫环磷，氯唑磷，氧化乐果，五氯酚钠，杀虫脒，三氯杀螨醇，溴甲烷，2，4-滴丁酯，毒死蜱，三唑磷。

国家新禁用农药自动录入。

附录 3　铁皮石斛上不推荐使用的农药品种

铁皮石斛上不推荐使用的农药品种见附表1。

附表1　不推荐使用的农药品种

农药品种	理　　由
甲基硫菌灵、多菌灵	使用效果不好，潜在安全隐患
植物生长调节剂	影响铁皮石斛品质

图书在版编目(CIP)数据

铁皮石斛全产业链质量安全风险管控手册 / 赵学平，郑蔚然主编. —北京：中国农业出版社，2018.12
ISBN 978-7-109-24706-2

Ⅰ. ①铁… Ⅱ. ①赵… ②郑… Ⅲ. ①石斛—产业链—安全管理—浙江—手册 Ⅳ. ①F426.7-62

中国版本图书馆CIP数据核字（2018）第231062号

中国农业出版社出版
（北京市朝阳区麦子店街18号楼）
（邮政编码 100125）
策划编辑 刘 伟 杨晓改
文字编辑 耿韶磊

北京通州皇家印刷厂印刷 新华书店北京发行所发行
2018年12月第1版 2018年12月北京第1次印刷

开本：787mm×1092mm 1/24 印张：3
字数：150千字
定价：24.80元